MOYENS CERTAINS

DE

CASSATION D'UN ARRÊT

CORRECTIONNEL

(SIX JOURS DE PRISON POUR PRÉTENDUS CRIS SÉDITIEUX)

PAR UN

BONAPARTISTE CATHOLIQUE

PARTISAN DE LA LÉGALITÉ, NULLEMENT CONSPIRATEUR NI RÉVOLUTIONNAIRE
ET SOUMIS NÉANMOINS A LA

SURVEILLANCE DE LA HAUTE POLICE RADICALE

PARIS ET VERSAILLES

—

AVRIL 1877

A HENRI V

EN RÉPONSE A SON RÉCENT ET NOUVEAU MANIFESTE

Versailles, le mercredi 7 mars 1877.

Après avoir invoqué les lumières de l'Esprit-Saint,
en récitant, avec foi et avec piété, le Veni Creator.

COMTE DE CHAMBORD,

Vous manifestez de nouveau la prétention de régner un jour sur la France.

Permettez-moi de vous dire, pour me servir d'une expression vulgaire, que *vous vous mettez le doigt dans l'œil*, au point de vous aveugler complétement.

Ni Dieu ni le Peuple ne veulent de vous.

En voici les principales causes :

Les adultères publics, les crimes secrets et l'impiété de vos pères ;

L'odieux abus des lettres de cachet dont ils se sont rendus sciemment coupables, avec la dernière des indifférences et la plus grande légèreté, par eux-mêmes, par leurs favoris ou par leurs impures maîtresses ;

Le long et cruel assassinat, opéré de la manière la plus injuste et la plus arbitraire, des innocents et des malheureux qu'ils ont torturés impunément et en silence dans les ténébreux cachots de la Bastille, mise en pièces avec raison par la fureur populaire et par une juste permission de Dieu ;

Le supplice non moins douloureux et non moins prolongé d'une victime de leur propre sang et qui a crié vengeance contre eux, du martyr irréprochable, de l'infortuné intéressant connu sous le nom de *Masque de Fer* ; — mystère d'iniquité qu'on n'a pas encore éclairci, mais qui cache bien certainement un odieux crime de vos pères, puisqu'ils connaissaient la vérité et qu'ils l'ont cachée avec succès, laissant ainsi sans flétrissure un crime royal accompli dans l'ombre, sous le pseudonyme de la raison d'État et du salut public ;

Enfin, et particulièrement, l'infâme conduite et la criminelle ingratitude de vos aïeux envers la plus pure et la plus inspirée des Vierges mortelles, comme elle fut la plus aimable et la plus douce des martyres ; — l'abominable conduite de vos pères envers l'*Envoyée de Dieu*, une belle et jeune héroïne sans souillure et jamais cruelle ; car, noblement blessée dans les combats et courageuse comme le plus intrépide guerrier, toujours la première à l'assaut, toujours la dernière à la retraite, elle s'offrit en sacrifice et répandit avec amour son sang pour Dieu, pour la France et pour son Roi, et ne tua ni ne blessa jamais personne ; ses mains pieusement inoffensives devant rester toujours pures et virginales ; — l'abominable et inqualifiable conduite de vos aïeux envers la chaste et douce héroïne qui les sauva glorieusement et qui n'eut pour récompense, en ce monde, qu'une longue et dure captivité, des insultes et des ignominies sans pareilles, et le plus cruel et le moins mérité des supplices, celui d'être brûlée, non pas morte, comme on l'a fait quelquefois par humanité, mais toute vivante et avec la pleine conscience, jusqu'à son dernier soupir, de cet horrible supplice, préparé et exécuté lentement, sans aucun respect pour la victime, et avec la dernière des cruautés.

J'ai nommé une grande sainte et une vraie martyre, réellement et divinement inspirée ; j'ai nommé respectueusement Jeanne Darc.

COMTE DE CHAMBORD, voilà pour quels crimes incontestables et bien connus Dieu a rejeté votre race. Votre honnêteté personnelle et votre sincère piété ne détruiront jamais de tels crimes et n'en empêcheront point le châtiment.

La Légitimité, malgré l'honorabilité générale des personnes de bon ton qui

MOYENS DE CASSATION

Contre un arrêt contradictoire de la Cour d'appel correctionnelle de Paris, en date du vendredi 16 février 1877, qui a condamné ROUSTAN (Honoré-Joseph-Fortuné), libraire à Versailles, 100, rue de la Paroisse, à 16 francs d'amende et à six jours de prison, pour prétendus cris séditieux.

CHAPITRE Ier.

VICES DE FORME.

§ 1er. — *Violation du droit sacré de la défense, et, par contre-coup, des articles 190 et 408 du Code d'instruction criminelle.*

La Cour n'a donné à l'accusé que cinq minutes pour se défendre, et lui a fermé la bouche au bout de ces cinq minutes.

L'accusé, ainsi traité sévèrement, s'est troublé, a tremblé devant la majesté de la Cour, a manqué de présence d'esprit et n'a eu le temps ni de se recueillir, ni de présenter ses meilleurs moyens de défense. Il n'était assisté d'aucun avocat.

Preuves : Tous les nombreux journalistes présents à l'audience, notamment les rédacteurs du *Petit Journal* et du *Gaulois*.

Voir ce dernier journal, page 4, et le *Petit Journal*, 2e page, l'un et l'autre à la date du dimanche 18 février 1877.

Le GAULOIS : M. le Président, au prévenu. — Je ne puis vous donner que cinq minutes, pas une de plus.

Le PETIT JOURNAL : M. le Président interrompt Roustan dès les premiers mots. — Il s'agit de savoir si, oui ou non, vous avez crié : *la dissolution !* et *à bas les députés !* Comme c'est le seul point en discussion, cinq minutes doivent amplement vous suffire.

§ 2. — *Refus d'entendre des témoins non discutés en première instance.*

L'accusé avait appelé directement devant la Cour de Paris, d'un jugement par défaut.

Par exploit de Fontenay, huissier à Versailles, en date du 10 février 1877, enregistré, l'accusé avait assigné trois des témoins cités contre lui-même par le ministère public, et *dont le témoignage n'avait pas été discuté.*

La Cour a refusé d'entendre ces témoins, les sieurs Helle, Armand et Jay. Tous les journalistes ont constaté ce fait.

La preuve que les témoins se sont présentés devant la Cour, à l'audience publique du vendredi 16 février 1877, est fournie par l'original de la citation, ci-joint et enregistré ; et encore tant par la production des trois copies délivrées aux témoins, que par une déclaration de deux de ces trois témoins faite devant notaire[1]. (On a dû se contenter d'un acte sous seing privé.)

La preuve que Roustan a demandé à la Cour que ces té-

1. Le projet de cette déclaration devant notaire était ainsi conçu :

MM. Armand et Jay, pour rendre hommage à la vérité, ont affirmé les faits ci-après dont ils auraient déposé devant la Cour et sous la foi du serment, si elle avait voulu les entendre.

Le mardi 12 décembre 1876, dans la rue de la Bibliothèque, à Versailles, vers six heures du soir, au moment de la sortie des Députés et devant la porte d'entrée de la Chambre, M. Roustan a proféré les cris suivants :

Vive le maréchal de Mac Mahon, vive le Sénat, vivent les Députés conservateurs, à bas les radicaux, et la dissolution légale par le Président de la République !

M. Armand, quoique préoccupé de ses voyageurs, a fort bien entendu tous ces cris. Néanmoins, au lieu de *Députés conservateurs,* il n'a perçu que *conservateurs,* parce qu'en ce moment M. Roustan, appréhendé par l'agent de police, Auguste Helle, avait été poussé derrière le mur du bâtiment où se trouve un poste militaire. Sa voix était en partie interceptée par ce mur, et les mots : *A bas les radicaux,* que MM. Armand et Jay percevaient fort bien précédemment, n'arrivaient plus à leurs oreilles, étant prononcés et répétés

moins fussent entendus par elle résulte d'une demande
par lui faite au moyen de conclusions motivées et d'observations qui en sont le complément, présentées les unes et
les autres à M. le Président et à MM. les Conseillers dès le
6 février 1877.

Cette pièce essentielle, écrite sur deux feuillets, se trouve
dans le dossier transmis à la Cour de cassation.

A l'audience du 16 février 1877, Roustan a renouvelé,
sans succès, sa demande en audition de témoins.

Enfin, pour avoir la preuve que la Cour a refusé d'entendre les témoins à décharge cités par Roustan, il suffit de
lire le texte de l'arrêt, qui est ainsi conçu :

« Le nommé Roustan a relevé appel, le 17 janvier 1877,
« d'un jugement rendu (*par défaut*), le 11 dudit mois, au
« Tribunal correctionnel de Versailles, par lequel, et par

par M. Roustan avec une extrême rapidité, que sous le son particulier de
CACA-OH!

M. Jay avait donc cru que M. Roustan criait : *A bas la calotte*, ce qui était
fort loin de la pensée de celui-ci ; et l'autre témoin, M. Armand, pensait, bien
à tort, que M. Roustan, en appelant CACA-OH! le parti radical, ne savait plus
ce qu'il disait (1).

La vérité très-exacte est que M. Roustan s'est toujours parfaitement pos-
sédé ; mais sa prononciation très-rapide, et sa voix en partie interceptée par
le mur, ont produit la méprise et le singulier son relatés ci-dessus.

Si M. Armand a entendu, non pas, comme M. Jay : *Vivent les Députés
conservateurs*, mais la finale seulement : *conservateurs*, il a ouï dire à plusieurs de ses voyageurs : *Celui qui crie n'est pas fou ; il sait bien ce qu'il
fait. Après avoir crié : A bas les radicaux, il a soin d'ajouter : Vivent les
Députés conservateurs!*

Il est donc bien certain que M. Roustan a crié : *Vivent les Députés conservateurs, à diverses reprises et à très-haute voix*, même lorsque l'agent de
police, Auguste Helle, tenait M. Roustan par l'épaule.

Bien que nous ne fussions qu'à trois ou quatre pas de M. Roustan, nous
ne l'avons jamais entendu crier : *A bas les Députés*. Il a dit néanmoins :
*Dissolution légale de la Chambre des Députés par le maréchal de Mac Mahon
et par le Sénat!*

Tels sont les faits que nous aurions affirmés sous la foi du serment, si la
Cour d'appel de Paris, Chambre correctionnelle, à son audience publique du
vendredi 16 février 1877, n'avait pas refusé de nous entendre, malgré la demande faite expressément à la cour par M. Roustan, dès le commencement
de son interrogatoire, demande dont nous fûmes témoins.

(1) Au fond, les témoins n'entendaient pas de travers, puisque M. Roustan
demandait à grands cris que le Président de la République voulût bien jeter à
bas le sale parti radical.

« les motifs y exprimés, le Tribunal a déclaré Roustan
« coupable d'avoir proféré le cri séditieux : *A bas les dépu-*
« *tés !* sur la voie publique, délit prévu et puni par l'article
« 8 de la loi du 25 mars 1822, et l'article 5, § 7, de la loi du
« 29 décembre 1875 ; et, par application desdits articles, a
« condamné Roustan à 15 jours d'emprisonnement, 16 fr.
« d'amende et aux dépens liquidés à 19 fr. 74 c., plus 3 fr.
« pour droits de poste ; a fixé à vingt jours la durée de la
« contrainte par corps. »

« Ouï M. le conseiller Millet en son rapport, le prévenu
« en ses moyens de défense et en ses observations per-
« sonnelles, et M. Chevrier, avocat général, en ses réqui-
« sitions ;

« Vu toutes les pièces du procès, et après en avoir dé-
« libéré :

« La Cour, statuant sur l'appel interjeté par Roustan du
« jugement contre lui rendu et y faisant droit,

« *Adoptant les motifs des premiers juges :*

« Mais considérant qu'il y a lieu, en présence de l'atti-
« tude de Roustan à l'audience et *des regrets qu'il a mani-*
« *festés* [1], de lui faire une application plus indulgente des
« articles de loi visés au jugement et de modérer la peine
« d'emprisonnement prononcée par les premiers juges ;

---

1. Dans un Mémoire imprimé, distribué à la Cour, j'ai dit, à la page 9 :
*Pour l'avenir, je prends l'engagement solennel d'être beaucoup plus réservé
et beaucoup moins tapageur.* Mais, dans le même Mémoire et à l'audience,
j'ai toujours affirmé que je me croyais réellement inspiré et soutenu par Dieu,
Notre-Dame de la Salette et Jeanne Darc, et que, par suite, je n'avais rien à
désavouer des actes accomplis en leur nom.

A la page 10 du même Mémoire, je disais encore :

« Il est évident aussi que dans les cris publics qu'on incrimine j'ai agi avec
« la plus parfaite bonne foi et sans intention coupable, croyant au contraire
« me dévouer pour le salut de la France et obéir à Dieu, à Notre-Dame de la
« Salette et à Jeanne Darc : à tel point que si je n'avais pas cru faire un acte
« méritoire devant Dieu, sinon devant les hommes, je me serais totalement
« abstenu de telles manifestations.

« Or, il me semble que là où il n'y a pas intention coupable il ne saurait
« exister de délit correctionnel. »

« Met l'appellation et ce dont est appel au néant en ce
« que les premiers juges ont condamné Roustan à quinze
« jours de prison :

« Émendant quant à ce :

« Réduit à six jours l'emprisonnement prononcé contre
« ledit Roustan,
« La sentence, au résidu, sortissant effet;
« Condamne Roustan aux frais de son appel, liquidés à
« douze francs seize centimes, plus cinq francs vingt cen-
« times pour droits de poste.
« Fait et prononcé au Palais de justice, à Paris, le ven-
« dredi 16 février 1877, en l'audience publique de la
« Cour, etc.... »

On le voit, la Cour se contente d'adopter les motifs des
premiers juges et ne parle nullement de témoins qu'elle
aurait elle-même entendus : preuve évidente qu'elle n'a
tenu aucun compte de la demande et de la citation régu-
lières de Roustan, et cela en violation expresse des articles 190 et 408 du Code d'instruction criminelle.

Dans cette affaire, le jugement de première instance
ayant été rendu par défaut et les témoins n'ayant pas été
discutés, il était indispensable que cette discussion eût lieu
en appel. Le procès, en effet, était tout entier dans ces témoi-
gnages. Roustan était accusé d'avoir crié : *A bas les députés!* Il
offrait de prouver, par les témoins mêmes cités contre lui,
qu'il avait crié, au contraire: *Vivent les députés conservateurs !*

Pièces déposées comme preuves du refus d'entendre les
témoins H..., Armand et Jay :

1° L'original de l'exploit de citation;

2° La copie de la citation, délivrée à chacun de ces trois
témoins;

3° Un imprimé contenant les conclusions motivées, présentées à la Cour au moment de la comparution de Roustan
devant elle, le vendredi 16 février 1877, et dont l'original

se trouve dans le dossier; indépendamment de l'original des conclusions qu'il a présentées le 6 du même mois à la Cour, et qui se trouvent aussi dans le dossier correctionnel.

CHAPITRE II.

QUESTION DE FOND OU DE DROIT.

Fausse application de l'article 8 de la loi du 25 mars 1822; et, par suite, violation des articles 479, § 8 et 480, § 5 du Code pénal, que la Cour aurait dû appliquer.

> Article 5 de la Constitution du 25 février 1875. — « Le Président de la République « peut, sur l'avis conforme du Sénat, dis- « soudre la Chambre des Députés avant « l'expiration légale de *son mandat.* »

A BAS LES DÉPUTÉS PAR VOIE DE DISSOLUTION LÉGALE, *c'est-à-dire en vertu de l'article 5 de la Constitution du 25 février 1875, et par un acte émané du Président de la République, sur l'avis conforme du Sénat,* EST-CE UN CRI SÉDITIEUX?

Même en admettant comme vraies les dépositions *non discutées* de l'agent de police H... et des autres témoins, voici ce que j'aurais crié, *d'après la feuille d'audience :*

Vive le maréchal de Mac Mahon, vive le Sénat, la dissolution : à bas les députés, à bas les radicaux!

C'est-à-dire, en style ordinaire :

« Je demande que M. le maréchal de Mac Mahon reste au pouvoir (*Vive le maréchal de Mac Mahon!*), et que, s'appuyant sur la première autorité du pays, sur le Sénat de la République française dûment consulté et maintenu (*Vive le Sénat!*), il dissolve, par les voies pacifiques et légales (*dissolution!*), la chambre des députés (*à bas les députés!*), à cause des mauvaises tendances du parti radical, du parti athée et matérialiste de cette chambre (*à bas les radicaux!*). »

Or, et ainsi qu'on vient de le voir par la citation textuelle que j'ai faite, la constitution du 25 février 1875, actuellement en vigueur, autorise expressément, par son article 5, le président de la République à dissoudre la chambre des députés, *sur l'avis conforme du Sénat*, avis que j'ai exprimé en criant : *Vive le Sénat !*

Donc, *mon cri total et non scindé arbitrairement* n'était ni inconstitutionnel, ni sérieusement contraire aux lois.

Si mon cri était séditieux, je ne pourrais pas plus le proférer que l'imprimer. Je l'ai imprimé néanmoins, et imprimé impunément, dans des brochures que j'ai répandues à profusion et sous les yeux de la Cour.

Si mon cri, dès lors, n'est pas séditieux en lui-même, il constitue un cri *troublant la tranquillité publique et non la tranquillité de l'État*, et il est passible des peines de simple police, en vertu des articles 479, § 8 et 480, § 5 du Code pénal (de 11 à 15 francs d'amende et de un à cinq jours au plus de prison).

D'ailleurs, mon cri, dans son ensemble, formait un *cri indivisible;* et le Tribunal, pas plus que la Cour, n'avait le droit, en le tronquant et en le dénaturant, de me faire crier seulement, et contrairement à mes vœux : *à bas les députés,* quand j'avais dit d'une manière très-expresse, *à bas les députés, à bas les radicaux, la dissolution; vive le maréchal de Mac Mahon, vive le Sénat !* c'est-à-dire : *à bas les députés radicaux et leur triste parti,* mais à bas par voie de *dissolution légale,* par un acte émané du président de la République s'appuyant sur le Sénat et même sur le parti conservateur de la chambre des députés ; car les témoins Jay et Armand, s'ils avaient été entendus, auraient déposé, sous la foi du serment, que j'avais crié, non pas à *bas les députés,* mais, au contraire, *vivent les députés conservateurs !*

La Cour a donc violé la loi en ce sens qu'elle a faussement appliqué à une contravention de simple police, à un cri non séditieux, l'article 8 de la loi du 25 mars 1822, au lieu des articles 479, § 8 et 480, § 5 du Code pénal, qu'elle a dès lors positivement enfreints.

Ces moyens de cassation m'ont été *inspirés, sans que j'aie eu besoin de consulter aucun avocat*, par NOTRE-DAME DE LA SALETTE, l'Auguste mère de Dieu, que j'ai invoquée par la prière et par ces simples mots : *Virgo potens, ora pro nobis!*

Je dépose encore, à l'appui de mes moyens de cassation et comme pièces complémentaires :

1° Une brochure *jaune* ayant pour titre : *Une poursuite politique pour prétendus cris séditieux;*

2° Une autre brochure *bleue*, intitulée : MON ACQUITTE-MENT, *sur la simple lecture d'un mémoire qui m'a été inspiré par Notre-Dame de la Salette.*

Fait au Palais de Justice, à Paris, le jeudi 22 février 1877.

FORTUNÉ ROUSTAN,

Libraire à Versailles, 100, *rue de la Paroisse.*

NOTA. — La Très-Sainte-Vierge m'ordonne encore de faire respectueusement à la Cour de cassation l'observation suivante :

Si l'on m'avait condamné à mort, et qu'on n'eût pas voulu entendre les témoins à décharge régulièrement cités à ma requête, l'arrêt serait incontestablement cassé pour vice de forme, et surtout pour violation du droit sacré de la défense.

Or, à mes yeux, six jours d'emprisonnement, à raison de l'énorme publicité donnée à cette condamnation dans tout Versailles, où je suis très-connu, constituent une peine fort grave et sont la cause, pour moi, ma femme, mes enfants et toute ma nombreuse parenté, d'insultes continuelles, de sourires moqueurs et d'avanies perpétuelles et prolongées : à tel point que ma femme et mes enfants n'osent plus se présenter avec moi dans les promenades publiques.

Ma belle-mère en a même fait une longue et dangereuse maladie.

Enlever à moi, à ma femme, à mes enfants, à ma belle-mère, à mon beau-frère et à toute ma parenté, l'honneur et la considération, c'est aussi grave pour moi que d'être condamné à me voir couper le cou. (*Potius mori quàm fœdari!*)

Si, dans le cas de condamnation à mort, il y aurait motif réel de casser l'arrêt, le même motif existe aussi pour ma condamnation à six jours d'emprisonnement.

La Cour de cassation, suprême régulatrice, ne peut pas avoir deux poids et deux mesures.

La Très-Sainte-Vierge, d'ailleurs, Notre-Dame de la Salette, que je ne cesse d'invoquer par la prière, affirme positivement qu'il y a eu, à mon égard, violation expresse de la loi; et que, surtout pour venger son honneur, qui est solidaire du mien, je dois pousser la résistance légale jusqu'à ses plus extrêmes limites.

C'est par ce dernier motif, principalement, que je me suis pourvu en cassation.

COMPLÉMENT

DE

MES MOYENS DE CASSATION.

Observations préliminaires.

Je vais transcrire sans ordre et sans suite, comme je l'ai déjà fait pour mon quatrième Mémoire, tout ce que Dieu, Notre-Dame de la Salette et Jeanne Darc daigneront m'inspirer.

Ces écrits serviront de preuves tant de ma bonne foi que de la pureté de mes intentions. Ils tendront à établir que je n'ai jamais pu dire volontairement *à bas les députés !* d'une manière révolutionnaire et coupable ; mais que j'ai crié, au contraire, très-expressément, très-clairement, de ma pleine volonté et à très-haute voix : *La dissolution ! A bas les radicaux, partisans des enterrements civils et coupables propagateurs des doctrines athées et matérialistes, mais à bas par les voies constitutionnelles, par un acte émané du Président de la République, s'appuyant de l'avis conforme du Sénat;* ce que j'exprimais par le cri énergique : *Vive le Sénat! vive le maréchal de Mac Mahon!*

Pour comprendre pourquoi mes écrits sont sans suite, décousus et se répétant l'un l'autre (*bis repetita docent*), qu'on daigne remarquer que j'ai été obligé de tenir tête à tout le monde, *seul et sans être assisté d'aucun avocat,* mais inspiré certainement et soutenu non .noins certainement par mes trois protecteurs tout-puissants et invisibles; qu'on daigne remarquer qu'il m'a fallu, seul, tenir tête à tout le monde, au nom de Notre-Seigneur Jésus-Christ, *vrai Dieu et vrai homme*, et comme preuve irréfutable et par une sorte d'argument *ad hominem*, qu'il est complétement faux, archi-complétement faux et blasphématoirement faux, ainsi qu'a osé l'imprimer le misérable Renan, que si Notre-Seigneur Jésus-Christ jugeait à propos de paraître encore sur la terre et sous une forme mortelle, les tribunaux correctionnels seuls l'empêcheraient de répandre sa doctrine ; qu'on daigne remarquer que, par *cet unique et louable motif religieux*, moi, qui ne suis qu'un *pauvre diable*, à cent milliards de millions de lieues de l'intelligence infinie de Notre-Seigneur Jésus-Christ, *vrai Dieu et vrai homme*, j'ai propagé impunément mes opinions bonapartistes à la barbe de toute la Chambre républicaine des députés, de toute la police, de tout le parquet et de tout le Tribunal de Versailles, et même de toute la Cour d'appel de Paris ; et l'on comprendra qu'obligé, en outre, de m'occuper de mon commerce et de donner du pain à six enfants encore à ma charge et qu'il faut soigner et surveiller d'une manière toute particulière, *sans parler de l'incroyable et violente opposition de ma femme et même de mes enfants* (ET INIMICI HOMINIS DOMESTICI EJUS !) ; qu'on daigne tenir compte de toutes ces circonstances extraordinaires, de toutes ces difficultés inextricables, et l'on sera bien convaincu que, soutenu seulement et inspiré par Dieu, Notre-Dame de la Salette et Jeanne Darc, je n'écris que comme *prophète, à bâtons rompus, avec une précipitation fébrile et obligé de me cacher comme un malfaiteur*, et n'ayant dès lors ni le temps de coordonner mes écrits, ni même de soigner mon style.

Sous ces réserves, que le lecteur intelligent daigne m'excuser et ne pas se montrer trop sévère ; car je tiens au fond seulement, et je ne crains ni le désordre, ni les redites. Je le répète : *Bis repetita docent.*

I.

MA RÉPONSE A CERTAINS JOURNAUX DE L'IMPURE
ET ODIEUSE RADICANAILLE.

Jésus, Jésus, mon divin Maître,
Toi qui viens de me transformer,
Heureux qui voudra te connaître,
Heureux ceux qui sauront t'aimer !

Pour toi, mon âme endolorie
Avec calme saura souffrir
Et l'opprobre et la raillerie :
Pour toi, je veux vivre et mourir !

Mais je pleure sur ma famille
Qu'on punit bien injustement.
Si des rédacteurs l'esprit brille,
C'est pour railler cruellement.

Pourquoi donc, diffamant le père,
Rendre les enfants malheureux ?
N'ai-je pas assez de misère ?
Suis-je malhonnête comme eux ?

Ils torturent ma pauvre femme
Qui se consume de chagrin.
Ces journalistes n'ont point d'âme :
Ils n'ont que bave et que venin.

A plein fiel ils lancent l'injure,
Falsifiant ma bonne foi.
Ils me raillent outre mesure :
Mais ce n'est pas de bon aloi.

Ils me diffament tout à l'aise,
Refusant mon insertion,
Ils éreintent le pauvre Blaise :
Mais ce n'est pas avec raison.

Leur triste recueil (*Droits de l'homme*),
Bien justement est condamné;
Et c'est ainsi que l'on assomme
Un journal mauvais et mort-né.

Je ne rends point guerre pour guerre;
Mais, m'adressant aux Tribunaux,
Je ferai mettre, je l'espère,
A la raison les Radicaux!

Le Mamelouck ROUSTAN,
l'inspiré Bonapartiste.

II.

Un jeune Prince dont je prophétisai la naissance à une époque où personne ne la croyait possible, la sagesse selon le monde affirmant alors que son Auguste et future mère était stérile par suite d'une chute de cheval. Mais la sagesse selon Dieu n'en a pas moins fait réaliser ma prophétie.

Dieu m'a donné, en outre, pour cet aimable et jeune Prince, les entrailles et le dévouement d'un père.

Malgré mon caractère naturellement excentrique et même à cause de ce caractère singulier et naïf, je lui serai agréable, et l'égaierai même au milieu des soucis du Pouvoir. Il aura confiance en moi, malgré l'épithète de fou qui me sera donnée par les envieux et les méchants. On m'appellera, en effet, *Roustan le fou et l'inspiré*, c'est-à-dire le prétendu fou divinement inspiré et même le Triboulet de Napoléon IV. Mais, personnellement, je ne m'en émouvrai guère : J'en plaisanterais même le premier, dès aujourd'hui, si je n'avais pas une femme, une belle-mère, un beau-frère, des enfants et d'autres parents qui s'en offusquent et en sont malades; et, *quand les temps seront venus,* je me servirai de ce titre de fou pour faire passer bien des vérités et pour donner de bons coups de boutoir.

Voici donc ma PROPHÉTIE, *avec date certaine, sur la naissance de* NAPOLÉON IV, que je confirme par une nouvelle Prophétie politique.

Ce Digne Objet de ma tendresse
Et que je porte dans mon cœur,
Oui, le Peuple à lui s'intéresse,
Oui, Dieu veut qu'il soit Empereur!

Je prophétisai sa naissance,
Sans penser que l'on y croirait :
J'espérai contre l'Espérance,
Car c'est bien Dieu qui m'inspirait.

Extrait de ma Prophétie du 30 janvier 1853, et ayant date certaine par l'impression faite à cette époque :

« Bienfaisante et chaste Eugénie,
« Dieu l'a voulu, règne sur nous;
« Sois longtemps notre bon Génie :
« Te voir est un plaisir si doux!

« Oui, ta race sera féconde
« Comme celle que Dieu bénit.
« Tu vas renouveler le Monde,
« Car c'est le Ciel qui vous unit. »

Fin de l'extrait de ma Prophétie, avec *date certaine,*
du 30 janvier 1853.

Commentaire et rapprochement.

De ma prophétique parole
Nous voyons l'accomplissement
Pur et simple; et, sans hyperbole,
Nous avons un Prince charmant !

Un saint Jean-Baptiste politique,
Fortuné Roustan.

Versailles, le dimanche au soir, 18 février 1877, après avoir adoré, dans l'église Notre-Dame, au milieu des plus délicieuses larmes, le Très-Saint-Sacrement, et après avoir honoré, avec un respectueux amour et encore au milieu des plus délicieuses larmes, Notre-Dame de la Salette, au pied de sa très-modeste statue.

III.

Au Parti Radical, instigateur responsable de l'horrible, grotesque et odieuse Commune de 1871 ;

Au Triste Parti Radical, Partisan des Enterrements civils, *et qui, par ses doctrines impies et révolutionnaires, attire la juste colère de Dieu sur la France.*

O Peuple de Paris, peuple de dures têtes,
Triste contempteur de ton Dieu,
Tu te livres toujours aux plus impures fêtes
Comme autrefois le Peuple hébreu !

Ni l'inondation, ni la guerre civile,
Ne te servent d'enseignement !
Tu blasphèmes toujours, ô radicaille vile !
Accepte donc ton châtiment !

Tu veux détrôner Dieu : c'est lui qui te détrône,
    Misérable et sale parti !
Tu voudrais de Paris faire une Babylone :
    Toi seul resteras abruti !

Insulte encore Dieu : sa foudre vengeresse
    Saura bientôt t'anéantir.
Rentre dans ton néant, ô canaille en détresse :
    La main de Dieu va t'engloutir !

Le Mamelouck Roustan.

Versailles, le mercredi 21 février 1877.

IV.

Je ne suis ni un conspirateur, ni un révolutionnaire. Je suis tout simplement un homme religieux, un catholique, partisan du Bonapartisme fusionnant avec la légitimité et mettant de côté les Radicaux et les Orléanistes, ces frères de même acabit, et qui ont une même origine impie et révolutionnaire.

La police radicale me surveille néanmoins de très-près et d'une manière constante.

En voici les preuves :

§ Ier. — *Lettre de M.* Corajod, *commissaire central de police de Versailles, adressée à M. le Procureur de la République, le 11 mai 1876.*

J'avais été indirectement informé que le sieur Roustan, libraire, rue de la Paroisse, 100, à Versailles, auteur de trois brochures politiques, imprimées chez M. Dax, par qui le dépôt a été fait à la préfecture, avait l'intention de se rendre à la Chambre des députés et de vouloir y faire publiquement la lecture de ces trois brochures.

J'ai d'abord prévenu M. Clavel, secrétaire général de la questure, de l'intention hostile du sieur Roustan, et j'ai de suite donné des ordres à un inspecteur de police de le surveiller, *sans le perdre de vue un instant*, et, si on le voyait se diriger vers la Chambre des députés, de le suivre de trèsprès, afin de prévenir les huissiers, au moment où il se présenterait, de ne pas le laisser entrer.

Mais, malgré toutes les précautions que j'avais prises, l'agent chargé de suivre le sieur Roustan, qui était dans la rue lorsqu'il est sorti de son magasin, et qui l'a vu aller du côté de la Chambre, a si mal fait son devoir, que le sieur Roustan a pu entrer sans difficulté à la Chambre.

§ 2. — *Lettre du 22 mai 1876, du même M. Corajod, commissaire central de police.*

M. Roustan peut être dangereux au point de vue social par ses écrits bonapartistes ; et, par les actes auxquels il peut se livrer, troubler l'ordre public, comme il l'a déjà fait dans plusieurs circonstances.

J'ai donné des ordres pour qu'il soit l'objet d'une surveillance constante.

Ces documents font partie des pièces visées dans l'arrêt correctionnel de la Cour d'appel de Paris, du vendredi 16 février 1877.

Typographie Lahure, rue de Fleurus, 9, à Paris.

composent ce très-estimable parti, la légitimité, comme *Race Royale*, est défini-
tivement et depuis longtemps éteinte. Elle peut faire encore des saints et des mar-
tyrs, et je suis persuadé, COMTE DE CHAMBORD, qu'à cause de vos vertus Dieu
vous réserve une couronne dans le ciel; mais vous ni vos pareils ne produirez
jamais des Rois sérieux ni des hommes réellement politiques.

Les morts, après trente ans, sortent-ils du tombeau ?

Dieu ne veut pas qu'une race gouverne une nation, quand il persiste à la
frapper de stérilité et à susciter contre elle et dans le peuple une répugnance
aussi générale, aussi constante et aussi fortement prononcée. C'est dans de telles
manifestations, surtout quand elles sont calmes, permanentes et nullement le
produit d'influences malsaines ou momentanées, que réside réellement la volonté
divine; et c'est en ce sens qu'il est rationnel de dire que la voix du Peuple est
la voix de Dieu (*Vox populi, vox Dei !*).

COMTE DE CHAMBORD, vous serez plutôt frappé de mort subite, que vous ne
serez Roi de France !

Je vous l'ai déjà dit publiquement dans un ouvrage qui a pour titre : DIEU,
JEANNE DARC ET NAPOLÉON IV, *Vision prophétique de l'Avenir*. Je vous conseille
donc de vous maintenir toujours en état de grâce et prêt à paraître devant Dieu
plutôt qu'à régner jamais sur la France; surtout si vous persistez à ne pas
abdiquer, *malgré les motifs exposés en tête de mon ouvrage*, au profit d'un jeune
et aimable Prince qui n'est pas de votre sang.

Ce nouvel avertissement public, COMTE DE CHAMBORD, je vous le donne comme
Prophète, au nom de Dieu, de Notre-Dame de la Salette et de Jeanne Darc.

Puissiez-vous en faire votre profit !

Le Mamelouck ROUSTAN.

PIÈCES DE POÉSIE

D'UNE PERSONNE PIEUSE ET INCONNUE

IMPRIMÉES POUR L'ÉDIFICATION DES FIDÈLES

I. — DÉSIR DE LA TRÈS-SAINTE COMMUNION.

Jésus, mon bien-aimé, allume dans mon cœur l'inextinguible flamme de ton divin amour !

Dulce cor Jesu, fac ut magis ac magis et te solùm amem !

De ton amour, ô douce ivresse,
Jésus, je ne pense qu'à Toi.
Pour Toi seul j'ai de la tendresse,
Te donnant ma vie et ma foi.

Je ne puis fermer mes paupières,
Je ne rêve qu'à mon bonheur :
Dès demain, le meilleur des pères
En paix descendra dans mon cœur.

Je renonce au monde, à ses charmes,
A Jésus voulant me donner.
Coulez, délicieuses larmes,
Car il veut bien me pardonner !

Oui, c'est l'ami le plus fidèle,
Tout dévoué, compatissant,
Animé du plus tendre zèle,
Toujours bon, toujours tout-puissant.

Pour lui les plus durs sacrifices
Sont une exquise volupté.
L'âme chaste fait ses délices
De son éternelle beauté !

Une jeune vierge, tendre
Amante du Sacré Cœur de Jésus.

Nuit du samedi 24 au dimanche 25 février 1877, après avoir reçu une absolution longtemps désirée.

II. — AU SORTIR DE LA SAINTE TABLE ET EN REGARDANT, AVEC UNE
TENDRE ÉMOTION, LONGTEMPS PROLONGÉE, LE TABLEAU DE LA CÈNE,
PAR LÉONARD DE VINCI.

Sans cesse, nuit et jour, c'est à toi que je pense !
Délicieusement, tu me rends enfiévré ;
Jésus, de ton amour je me sens enivré,
Car ta possession est un bonheur immense !

De tes attraits divins qui dira la douceur ?
Jésus, enlace-moi de tes plus fortes chaînes :
Que ton sang précieux et purificateur
Voluptueusement s'infiltre dans mes veines ;

Et par toi-même, ainsi, chastement transformé,
Au pied des saints Autels, que mon âme en extase,
Tendre Roi de mon cœur, ô maître bien-aimé,
Pour Toi seul, ô Jésus, et soupire et s'embrase !

Dimanche 25 février et dimanche 4 mars 1877.

III. — DU BONHEUR DE COMMUNIER TOUS LES DIMANCHES

Deus in adjutorium meum intende.

Cette lutte incessante
Me lasse et me tourmente ;
Oh ! viens à mon secours !
Donne-moi l'espérance,
Apaise ma souffrance :
A toi seul j'ai recours.

Mon âme te désire
Et pour toi je soupire,
Source de tout bonheur !
Voluptueuse ivresse !
Jésus, avec tendresse,
Repose sur mon cœur.

Que rien ne nous sépare.
Pour toi je me prépare
A de rudes combats.
Je te sers avec zèle
Et te serai fidèle
Même jusqu'au trépas.

En ta douce présence,
Jésus, mon espérance,
Disparaît tout chagrin.
Oui, tu me rends poëte,
Tu me fais une fête
De ce banquet divin.

Toi seul es ma maîtresse,
Je rêve à toi sans cesse,
Par toi toujours charmé.
Délicieux Martyre !
Heureux qui peut se dire,
Jésus, ton bien-aimé !

L'âme dans sa tendresse,
L'âme dans sa détresse,
Te réclame toujours.
Émotion paisible,
O bonheur indicible,
N'interromps pas ton cours !

Jésus, que tu me charmes !
Délicieuses larmes,
Coulez, coulez, coulez !
Aimable quiétude,
Chaste béatitude,
Doux moments envolés :

Je voudrais, en extase,
Et d'un cœur qui s'embrase,
Toujours vous retenir.
Mais, hélas ! sur la terre
Où tout est éphémère,
Le bonheur doit finir !

O pure jouissance,
Ta douce souvenance
Embaumera mon cœur ;
Et toute la semaine,
Mon âme, hors d'haleine,
Bénira le Sauveur !

Le dimanche 11 mars 1877, de 4 à 6 heures du matin ; et, après avoir
eu le bonheur de communier, de 10 heures à midi, à bâtons rompus, au
milieu de mes préoccupations et de mes interruptions de commerce et
de famille, et en versant les douces et purificatrices larmes du repentir
et d'une émotion longtemps prolongée.

Typographie Lahure, rue de Fleurus, 9, à Paris.